BEI GRIN MACHT SICH IHR WISSEN BEZAHLT

RP6
Robotersteuerung

Bibliografische Information der Deutschen Nationalbibliothek:

Die Deutsche Nationalbibliothek verzeichnet diese Publikation in der Deutschen Nationalbibliografie; detaillierte bibliografische Daten sind im Internet über http://dnb.d-nb.de abrufbar.

ISBN: 9783346791276
Dieses Buch ist auch als E-Book erhältlich.

© GRIN Publishing GmbH
Nymphenburger Straße 86
80636 München

Druck und Bindung: Books on Demand GmbH, Norderstedt Germany
Gedruckt auf säurefreiem Papier aus verantwortungsvollen Quellen

Das Buch bei GRIN: https://www.grin.com/document/1313313

RP6 Robotersteuerung

Projektarbeit

im Modul
Ubiquitous Computing

Inhaltsverzeichnis

1 Beschreibung der geplanten Features

Ziel der Projektarbeit ist es, einen RP6 Roboter per Smartphone fernzusteuern. Dazu soll ein Chat zwischen mehreren Smartphones über einen zentralen Server implementiert werden. Aus den gesendeten Chat-Nachrichten sollen Befehle für den Roboter extrahiert werden.

Damit die Smartphone-Nutzer wissen, was der Roboter macht, soll der Fahrweg des Roboters auf einer Karte angezeigt werden. Außerdem verfügt der Roboter über eine Kamera, deren Bild über den Server zu den Smartphones gestreamt werden soll.

Der zentrale Server kann Befehle in einer Schlange zwischenspeichern und später verschicken, falls die Verbindung zu dem Roboter abreißt. Der Roboter soll außerdem über eine Kollisionserkennung verfügen, sodass bei einer Kollision mit einem Hindernis die Befehlsausführung verweigert wird.

1.1 Kommunikation zwischen Roboter, Server und App

Alle Daten, die zwischen dem Roboter und den Smartphones ausgetauscht werden, laufen über einen zentralen Server. Dieser Server hat die statische IP-Adresse 82.165.147.151. Der zentrale Server mit statischer IP-Adresse erleichtert die Kommunikation zwischen den Smartphones und dem Roboter, da die Smartphones so die IP ihres Kommunikationspartners kennen. Da der Roboter keine feste IP hat, kann sich die IP des Roboters bei jedem Start ändern und ist den Smartphones unbekannt. Außerdem ist es durch den Server möglich, den Roboter auch dann zu steuert, wenn man sich nicht im gleichen lokalen Netzwerk befindet.

Der Roboter verbindet sich über ein WLAN zu dem Server. Die Smartphones können sich je nach Systemeinstellung per WLAN oder mobilem Internet mit dem Server verbinden. Auf den Smartphones läuft eine App, die zum Senden und Empfangen von Chat-Nachrichten sowie zum Anzeigen der Karte und des Kamerabildes des Roboters dient.

Das folgende Schaubild zeigt die Kommunikation zwischen Roboter, Server und den Smartphones:

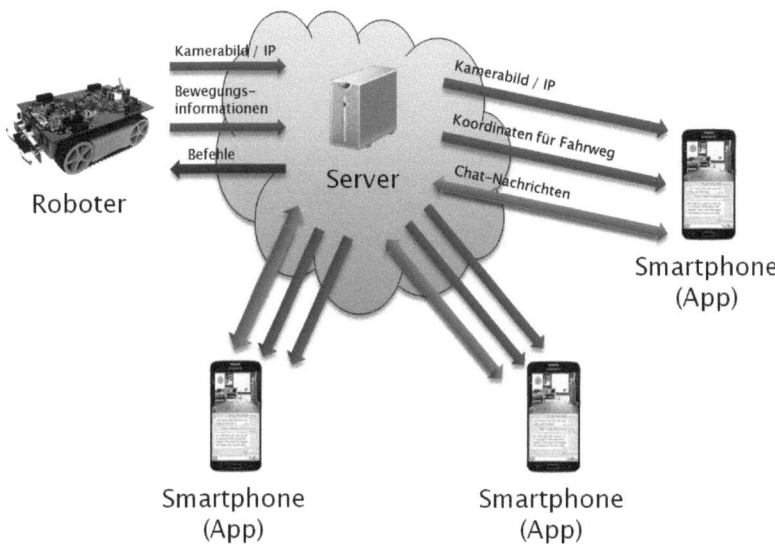

Abbildung 1: Kommunikation zwischen Roboter, Server und App

Es können sich beliebig viele Smartphones mit dem Server verbinden. Versendet ein Smartphone-Nutzer eine Chat-Nachricht über die App, so wird diese an den Server geschickt und von dort an alle verbundenen Smartphones gesendet. Der Server analysiert die gesendeten Nachrichten und extrahiert daraus Befehle, die er an den Roboter sendet. Kommen zu viele Befehle gleichzeitig oder bricht die Verbindung ab, werden die Befehle in einer Schlange zwischengespeichert und später versendet.

Nachdem der Roboter den Befehl abgearbeitet hat, sendet er den zurückgelegten Weg an den Server. Der Server berechnet daraus die neue Position des Roboters und rechnet diese in einen Punkt in einem Koordinatensystem um. Diese Koordinate sendet er an die verbundenen Smartphones, die die Koordinaten auf einer Karte darstellen. Verbindet sich ein neues Smartphone mit dem Server, so werden alle bisher berechneten Koordinaten an das Smartphone gesendet.

Sobald der Roboter eingeschaltet wird, sendet er seine IP-Adresse an den Server und startet den Stream. Der Server empfängt die IP-Adresse und leitet diese an die Smartphones weiter. Die Smartphones empfangen die IP-Adresse und greifen den Stream des Roboters direkt über diese Adresse ab.

1.2 Benutzeroberfläche der App

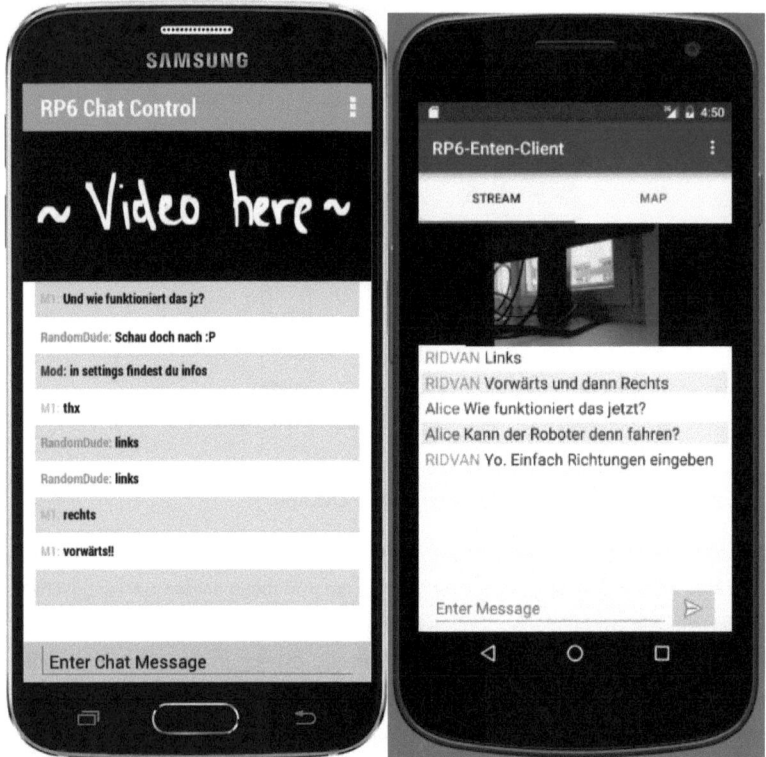

Abbildung 2: Prototyp (links) und finale Version (rechts) der Benutzeroberfläche der App

Die Oberfläche der App wurde zunächst mit GIMP designed, bevor sie dann in Android Studio für den tatsächlichen Gebrauch erstellt wurde.

Hierbei war es wichtig, die entsprechenden Elemente geschickt zu platzieren, da auf einem Smartphone nur begrenzt Platz vorhanden ist. Stream, Map und Chat-Verlauf mussten alle angezeigt werden.

Da der Chat die zentrale Rolle spielt, nimmt dieser am meisten Platz ein. Zwischen Video und Map lässt sich über eine TabView hin- und herschalten. Dreht man das Device in den Landscape-Modus, zeigt sie den Video-Livestream im Vollbild an.

3

Über die Einstellungen lassen sich Benutzername und -farbe jederzeit wechseln.

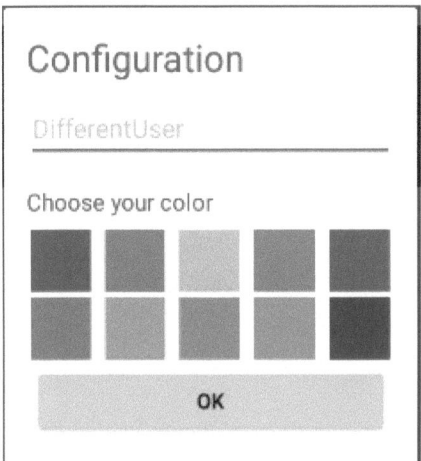

Abbildung 3: Farbauswahl

Zudem findet sich in den Optionen eine „Refresh"-Option, falls Map und / oder Video nicht mehr richtig angezeigt werden.

Zwischen dem Prototypen und der finalen Version gibt es im Wesentlichen nur eine Änderung: Das Navigieren der Ansichten von Video und Map war ursprünglich über einen Swipe geplant. Da man jedoch in der Map-Ansicht selbst per Swipe-Bewegungen navigiert, wurde sie durch eine TabView ersetzt.

Implementierung der App

1.3 Technischer Hintergrund

Erstellt wurde die im Folgenden erklärte App via:

- MacBook Pro 2011 mit OS X El Capitan v. 10.11.3
- Android Studio 1.5

1.4 Einführung

Die Bewegung des RP6-Roboters funktioniert über Chat-Eingaben. Bei dem Chat selbst handelt es sich um eine Android App. Sie bietet eine Oberfläche für User-Input und zeigt

4

bereits empfangene Nachrichten in einer entsprechenden View. Spezielle Nachrichten bewirken eine Interaktion mit dem Roboter.

Die Kommunikation mit dem Server funktioniert über die Socket.IO Library (http://socket.io). Diese Library ermöglicht Event-basiertes Senden und Empfangen von einfachen Strings. Dies erspart das ständige Abfragen des Servers von neuen Daten (Pull). Bei den gesendeten und empfangenen Strings handelt es sich stets um JSON Daten. Diese werden in der App in das entsprechende JSON Objekt geparst.

Der Benutzer kann über die Optionen einen Usernamen, sowie eine Farbe einstellen, welche für die anderen User bei versendeten Nachrichten angezeigt wird.

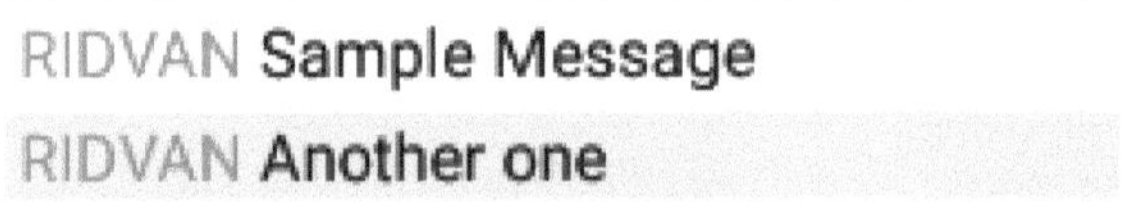

RIDVAN Sample Message
RIDVAN Another one

Abbildung 4: Benutzername und Nachricht

Der Benutzername, sowie die dazugehörige Farbe kann über eine Option gesetzt werden. Die Option führt den User zu diesem Konfigurationsdialog:

Configuration
DifferentUser
Choose your color
OK

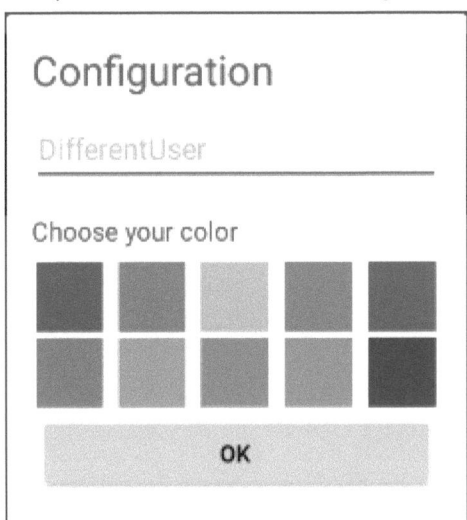

Abbildung 5: Farbauswahl

Die App verfügt im oberen Teil einen Video-Livestream, welcher das aktuelle Sicht des RP6-Roboters anzeigt. So kann der User mitverfolgen, welche Route der Roboter momentan fährt. Es kann zwischen der Video-Ansicht sowie einer Map-Ansicht gewechselt werden. Die Map-Ansicht zeigt dem Benutzer den gesamten Wegverlauf des Roboters in Form von Linien an. Die Ansichten lassen sich über die Tabs wechseln.

Wird das Device in Landscape-Mode (Querkant) gedreht, so wird der Livestream im Vollbild-Modus gezeigt. D.h. die Chat-Funktion ist in diesem Modus nicht verwendbar. Dies liegt daran, dass im Landscape-Mode nicht genügend Platz auf dem Screen für Chat-Verlauf, Chat-Eingabe und Video vorhanden ist. Die Chat-Nachrichten werden im Hintergrund jedoch gecached, sodass sie bei Rotation entsprechend gezeigt werden können.

1.5 Funktionsweise

Die Server-Verbindung wird in der Application selbst angelegt und gespeichert. So ergibt sich

```
public class ChatApplication extends Application {
    private Socket mSocket;
    {
        try {
            mSocket = IO.socket(Const.CHAT_SERVER_URL);
        } catch (URISyntaxException e) {
            throw new RuntimeException(e);
        }
    }
    public Socket getSocket() {
        return mSocket;
    }
}
```

Hiermit kann jede Activity zentral auf die Connection zugreifen:

```
ChatApplication app = (ChatApplication) getApplication();
mSocket = app.getSocket();
```

Die Chat-Nachrichten werden in der Klasse Message abgebildet. Sie wird für den Server in JSON serialisiert und versendet. Sie beinhaltet alle notwendigen Felder.

In einer RecyclerView werden die Messages in Views aufbereitet und in Listenform angezeigt. Eine Message besteht aus zwei TextViews. Eine für den Username in entsprechender Schriftfarbe und einen für die gesendete Nachricht.

Die MainActivity öffnet die Verbindung zum Server und registriert Listener für entsprechende Events. Das wichtigste Event ist das „message" Event, welches vom Server ausgelöst wird, wenn eine neue Nachricht eingetroffen ist. Die Implementierung des Listeners bereitet die empfangene Nachricht auf und zeigt sie in der Liste an.

```java
mSocket.on("message", onNewMessage);

...

private Emitter.Listener onNewMessage = new Emitter.Listener() {
    @Override
    public void call(final Object... args) {
        runOnUiThread(new Runnable() {
            @Override
            public void run() {
                JSONObject data = (JSONObject) args[0];
                try {
                    addMessage(data);
                } catch (JSONException e) {
                    Log.e(getClass().getSimpleName(), e.getMessage(), e);
                }
            }
        });
    }
};
```

1.6 Landscape-Mode

Die App zeigt im Landscape-Mode den Video-Livestream im Vollbild an. Die Chat-Views fallen dabei weg. Dies resultiert aus der geringen Fläche des Smartphones im Landscape-Modus. Möchte man auf die Chat-Views zugreifen, so muss der User das Device zurück in den Portrait-Modus drehen.

7

Ob sich das Smartphone bzw. das Endgerät in jener Orientierung befindet kann Android selbst bestimmen. Dafür lässt sich ein Layout erstellen, welches nur in Landscape-Mode angezeigt wird.

Wir haben folglich zwei Layouts mit selben Namen, allerdings in unterschiedlichen Layout-Resource-Folder. Für Portrait-Mode im Default-Layout-Folder (layouts) und für Landscape-Mode im entsprechenden Landscape-Layout-Folder (layouts-land).

Damit die Activity selbst auch entsprechend der Orientierung handeln kann, wird eine value.xml Datei ebenfalls einmal im Default (values), sowie einmal im Landscape-Resource-Folder (values-land) hinterlegt. Dieses File enthält lediglich eine Boolean-Variable is_landscape.

```
<bool name="is_landscape">false</bool>
```
Im values Verzeichnis
```
<bool name="is_landscape">true</bool>
```
Im values-land Verzeichnis

Je nach Ausrichtung ist diese folglich anders. So kann innerhalb der Activity auf einfache Weise entschieden werden, welche Codeteile ausgeführt werden und welche nicht.

```
landscape = getResources().getBoolean(R.bool.is_landscape);
```

Abfragen basieren auf landscape. Ist es nicht gesetzt, werden die Zuweisungen zu den Chat-Views nicht durchgeführt. Diese würden Null-Pointer-Exceptions auslösen, da das Landscape-Layout nicht die entsprechenden Views enthält.

1.7 Video-Livesteam

Bei dem Livestream handelt es sich im Wesentlichen um eine einfache Webseite. Diese wir in einer WebView auf dem Smartphone angezeigt. Die Adresse der Seite wird, wie die restliche Kommunikation auch, per Socket.IO Event versendet. Nach Eintreffen dieses Events, welcher die IP enthält, wird die WebView initialisiert und der Stream angezeigt.

1.8 Karte / Wegverfolgung

Der vom RP6-Roboter zurückgelegte Wert wird in einer Karten-Ansicht präsentiert. Die Rohdaten stammen dabei von dem Server und werden von der App entsprechend interpretiert und aufbereitet. Bei den Daten handelt es sich um Koordinaten, welche in einem

Canvas durch Bildpunkte symbolisiert werden. Linien verbinden diese Punkte miteinander und es entsteht eine Karte.

Der User kommt in die Karten-Ansicht, indem er über die Tabs in die entsprechende „Map-View" klickt. Die Map ist eine CustomView, welche über eine Bitmap und zwei Canvas-Elemente verfügt. Die eine zeigt den sichtbaren Bereich der Karte. Die andere hält die gesamte Map. Dies ermöglicht eine Navigation per Touch. Es gibt keinen „Scrollable"-Canvas. Folglich wurde dieses Feature eigenständig implementiert. Die Koordinaten, welche vom Server stammen, werden auf der Gesamt-Map eingezeichnet. Damit der User nur einen Teil der Map zu sehen bekommt wird der sichtbare Teil auf das zweite Canvas übertragen.

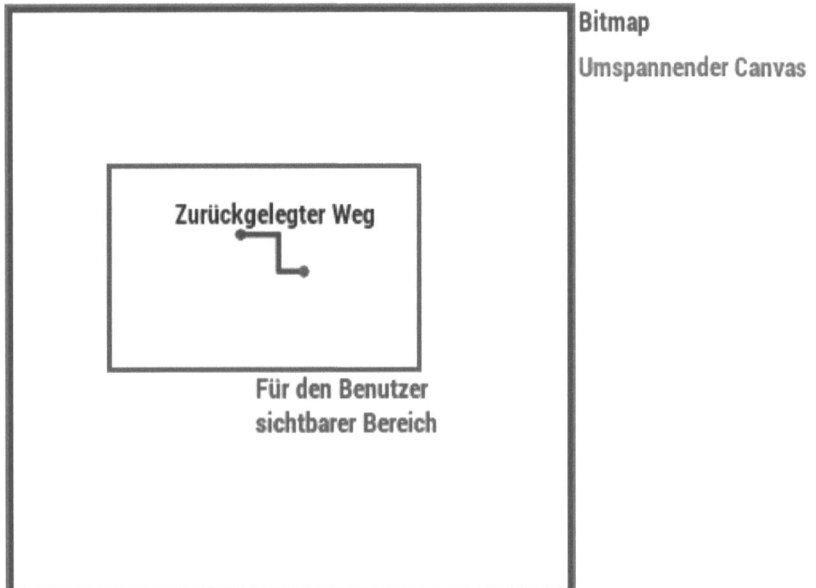

Abbildung 6: Schematische Darstellung der Karte / Wegverfolgung

Die Bitmap bietet eine Fläche zum Zeichnen der Wegstrecke. Der umspannende Canvas zeichnet diese Strecken entsprechend. Der sichtbare Bereich wird über weiteres Canvas-Element eingegrenzt.

Das Scrolling funktioniert wie folgt. Sobald der Benutzer auf den Bildschirm tastet, werden die Drag-Bewegungen mitverfolgt. Aus dieser Bewegung wird dann die exakte Position des inneren Canvas berechnet. Folglich bewirkt das Scrolling lediglich das Verschieben des inneren Canvas-Elements.

Die Rohdaten des Servers werden direkt nach der erfolgreichen Anmeldung empfangen. Anders als beim Chat ist der vorherige Verlauf für die Karte essentiell. Bei dem Chat gilt: Nach Anmeldung können Nachrichten eintreffen. Nachrichten, die vor der Anmeldung versendet wurden, sind hierbei irrelevant. Folglich werden bei der Map die Daten sofort nach der Anmeldung empfangen und aufbereitet.

```java
private Emitter.Listener onAddCoordinate = new Emitter.Listener() {
    @Override
    public void call(final Object... args) {
        runOnUiThread(new Runnable() {
            @Override
            public void run() {
                Log.d(TAG, "AddCoordinate: " + args[0].toString());
                Coordinate coordinate =
                    GSON.fromJson(args[0].toString(), Coordinate.class);
                if(map != null) map.addCoordinate(coordinate);
            }
        });
    }
};
```

Der Listener wird aufgerufen, sobald eine neue Koordinate empfangen wurde. addCoordinate fügt den Punkt dann in der Map hinzu.

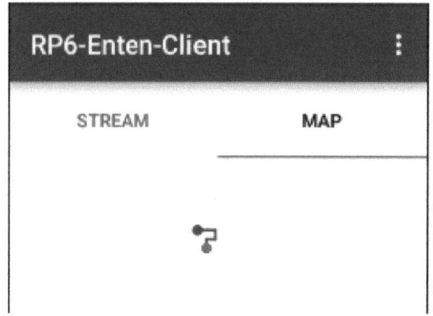

Abbildung 7: Karte mit hinzugefügtem Punkt

1.9 Verwendete Libraries

Für die Erstellung der App wurden mehrere Libraries verwendet. Das Einbinden dieser funktioniert über Gradle.

1.9.1 Crouton (https://github.com/keyboardsurfer/Crouton)

Für einfache Nachrichten bietet Android die Toast Klasse, welche einen Text via View auf den Bildschirm präsentiert. Der Nachteil bei dieser Funktionalität ist, dass der Toast nicht Kontext abhängig ist. Dies hat zur Folge, dass Toast Nachrichten der App erscheinen können, obwohl sich die App gerade im Hintergrund / nicht aktiven Bereich befindet.

Um dies zu verhindern verwenden wir Crouton. Diese Klasse behebt die Probleme des Toasts. Außerdem bietet sie vorgefertigte Designs für ALERT, CONFIRM und INFO Nachrichtentypen.

1.9.2 Butterknife (http://jakewharton.github.io/butterknife/)

Um auf Views in dem Layout zugreifen zu können, müssen sie über findViewById an Variablen gebunden werden. Dies geschieht in der Regel in der onCreate Methode einer Activity.

Beispiel:
```
mInputMessageView = (EditText) findViewById(R.id.message_input);
```

Dieser Vorgang kann mit der Butterknife Library elegant mit Annotations vereinfacht werden. Somit ergibt sich bereits bei der Deklarierung der View-Variablen:
```
@BindView(R.id.message_input) EditText mInputMessageView;
```

Die eigentliche Bindung findet dabei implizit ebenfalls in der onCreate Methode der Activity durch folgenden Aufruf statt:
```
ButterKnife.bind(this);
```

```
ButterKnife.bind(this);
```

1.9.3 GSON

Da die Übertragung der Daten über JSON basiert, müssen die Klassen entweder Serialisiert oder Deserialisiert werden. Anstatt die Felder des JSONs direkt auszulesen kann mithilfe von GSON direkt eine Instanz erzeugt werden.

```
Coordinate coordinate =
    GSON.fromJson(args[0].toString(), Coordinate.class);
```

args[0] enthält das JSON mit den zwei Koordinaten für „x" und „y". Ohne GSON müsste erst ein leeres Objekt vom Typ Coordinate erzeugt, anschließend die Werte des JSON in Integer geparst und letztendlich im Objekt Coordinate übertragen werden. GSON übernimmt diese Aufgaben und erspart das „händische" Parsen und initialisieren.

2 Implementierung des Servers

Die Implementierung des Servers wird in der Programmiersprache **Java** durchgeführt. Dabei wird die Entwicklungsumgebung **Eclipse** verwendet. Da Java plattformunabhängig ist und in einer eigenen virtuellen Maschine läuft, kann der geschriebene Code zunächst auf einem Windows-Rechner problemlos getestet und danach auf ein Linux-System übertragen und dort ausgeführt werden. Eclipse bietet als Entwicklungsumgebung eine Vielzahl an Möglichkeiten den Programmieraufwand deutlich zu verringern. Beispielsweise können Unit Tests für die Datenverarbeitung problemlos implementiert werden.

Die Implementierung des Servers ist, wie Anfangs bereits beschrieben, in zwei Bereiche unterteilt. Einmal die Kommunikation zwischen Server und App (package: **rp6_app2server**) und einmal die Kommunikation zwischen Server und Roboter (package: **rp6_robot2server**). Ebenso gibt es einen zentralen Teil, der die Steuerung und Kommunikation zwischen diesen beiden Bereichen im Server koordiniert (package: **rp6_main**). Hierbei wird die Anwendung gestartet und fertige Daten des Roboters und der App zwischengespeichert und bereitgestellt.

2.1 Chat zwischen den Smartphones

Zur serverseitigen Implementierung des Chats in Java wird die Library NettySocketIO von Nikita Koksharov verwendet. Diese Library steht unter der Apache License Version 2.0 und kann unter http://mvnrepository.com/artifact/com.corundumstudio. socketio/netty-socketio/1.7.10 bezogen werden.

Zunächst wird ein neues Socket erstellt:

```
Configuration config = new Configuration();
config.setHostname(SERVER_IP);
config.setPort(CHAT_PORT);

server = new SocketIOServer(config);
```

Anschließend werden die Listeners für die entsprechenden Events hinzugefügt und der Server wird gestartet:

```
server.addConnectListener(
        new ChatConnectListener(server));
server.addDisconnectListener(
        new ChatDisconnectListener(server));
server.addEventListener("message", ChatMessage.class,
        new ChatMessageListener(server));
server.addEventListener("message", ChatMessage.class,
        new CommandProcessor(server));

server.start();
```

Die ersten beiden Events werden ausgelöst, sobald sich ein Client verbindet bzw. die Verbindung trennt.

Das Event "message" erwartet JSON-Daten, die dem Aufbau der Klasse ChatMessage entsprechen. Wird das Event ausgelöst, sollen sowohl der ChatMessageListener, der für den Chat zwischen den Smartphones zuständig ist, als auch der CommandProcessor, der die Chat-Nachrichten weiterverarbeitet, aufgerufen werden.

Die Klasse ChatMessageListener besitzt eine Methode onData, die das Interface DataListener<ChatMessage> realisiert. Diese Methode wird immer dann aufgerufen, wenn die App eine neue Chart-Nachricht sendet.

```
@Override
public void onData(SocketIOClient client, ChatMessage message) {
    server.getBroadcastOperations().sendEvent("message", message);
}
```

In der Methode wird die empfangene Chat-Nachricht an alle verbundenen Smartphones weitergeschickt.

2.2 Extraktion und Umwandlung der Befehle

Die Extraktion Anweisungen aus den Chat-Nachrichten und die anschließende Umwandlung in Befehle für den Roboter erfolgt in der Klasse `CommandProcessor`.

Diese Klasse besitzt ebenfalls eine Methode `onData`, die das Interface `DataListener<ChatMessage>` realisiert und immer dann aufgerufen wird, wenn die App eine neue Chart-Nachricht sendet.
Es werden folgende Anweisungen erkannt:

- Nach links fahren:..........`"links"` / `"left"`
- Nach rechts fahren: ....`"rechts"` / `"right"`
- Nach geradeaus fahren: `"vorwärts"` / `"ahead"`
- Nach rückwärts fahren:...`"rückwärts"` / `"reverse"`
- Schneller fahren:............`"schneller"` / `"speed up"`
- Langsamer fahren:.........`"langsamer"` / `"slow down"`

Eine Chat-Nachricht kann dabei beliebig viele Anweisungen enthalten, die von dem Roboter nacheinander abgearbeitet werden.

Da nicht zwischen Groß- und Kleinschreibung unterschieden werden soll, wird die empfangene Chat-Nachricht zunächst in Kleinbuchstaben umgewandelt. Danach wird mithilfe eines regulären Ausdrucks nach Anweisungen gesucht. Anschließend wird für jede gefundene Anweisung der entsprechende Roboter-Befehl der Bearbeitungsschlange hinzugefügt.

```
@Override
public void onData(SocketIOClient client, ChatMessage message) {
    String input = message.getMessage().toLowerCase();

    Pattern             pattern             =             Pattern.compile(
            "(links|rechts|vorwärts|rückwärts|schneller|langsamer"
        + "|left|right|ahead|reverse|speed up|slow down)*");
    Matcher matcher = pattern.matcher(input);
```

```
while (matcher.find()) {
    switch (matcher.group()) {
        case "links":
        case "left":
            CommandContainer.getInstance().enqueue(
                    RobotCommand.TURN_LEFT);
            break;
        case "rechts":
        case "right":
            ...
```

2.3 Kommunikation zwischen Server und Roboter

Die serverseitige Kommunikation zwischen Server und Roboter setzt sich aus mehreren Teilen zusammen. Einerseits werden empfangene Befehle der Clients an den Roboter weitergeleitet. Andererseits muss die Antwort des Roboters verarbeitet werden, um die Bewegungsdaten des Roboters in Koordinaten umzuwandeln. Weiter muss die lokale IP des Roboters empfangen und an die Smartphones weitergeleitet werden.

Grundsätzlich muss ständig überwacht werden, ob neue Befehle von den Clients vorhanden sind. Dafür wird zu der Bearbeitungsschlange der Befehle ein Observable implementiert, das auf neue Befehle reagiert. Sobald neue Befehle hinzugefügt werden, können die Daten sofort an den Roboter gesendet werden.

```
@Override
public void update(Observable obs, Object obj) {
    RobotStatus firstState= new RobotStatus(
        INITIAL_DIRECTION, INITIAL_DISTANCE, INITIAL_VELOCITY);
    try {
        onData(connectListener.getClient(),
            new CommandExecuted(true, firstState), null);
    } catch (Exception e) {
        System.err.println(SERVER_UPDATE_FAILED
            + e.getStackTrace().toString());
    }
}


@Override
public void onData(SocketIOClient client, CommandExecuted
    commandExecuted, AckRequest arg2) throws Exception {
```

```
if(commandExecuted.isExecuted()){
    boolean positionEstimated = estimator.estimateCurrentPosition(
        commandExecuted.getRobotStatus());

    if(positionEstimated) {
        RobotCommand command = this.commandContainer.dequeue();

        if(command!=null) {
            client.sendEvent(INFO_MESSAGE, command);
        }
    } else {
        System.err.println(ESTIMATION_FAILED);
    }
} else {
    System.err.println(COMMAND_NOT_EXECUTED);
}
}
```

Die update Methode wird bei jeder erstmaligen Aktion aufgerufen und startet den Kommunikationsprozess für den Roboter. Hierbei wird zunächst eine Ausgangsposition festgelegt, die nichts anderes macht als die Koordinatenberechnung zu initialisieren. Nun wird der erste Befehl aus der Liste zum Roboter gesendet.

Wurde der Befehl erfolgreich ausgeführt, wird (falls vorhanden) der nächste Befehl gesendet und die neue Position des Roboters berechnet. Sollte etwas schief gelaufen sein, beispielsweise eine Kollision, meldet dies der Roboter und der Server loggt es. In diesem Fall werden keine weiteren Befehle aus der Liste mehr ausgeführt. Erst wenn neue Befehle kommen, werden diese wieder verarbeitet.

2.4 Umwandlung der Bewegungsinformation in Koordinaten

Die Positionsbestimmung findet statt, sobald ein Befehl erfolgreich ausgeführt wurde. Die Position auf der Karte ist somit nicht ganz genau, da der Roboter sich auch dann bewegt haben kann, wenn er beispielsweise am Ende des gefahrenen Weges eine Kollision hatte. Er würde dann mit einem Fehler antworten und die Positionsberechnung unterbinden. Die Karte an sich stellt also nur eine ungefähre Position des Roboters dar. Da jedoch die Auflösung der Karte bereits sehr hoch ist und die Positionsberechnung sehr genau ist, weicht der tatsächliche Wert vom dargestellten Wert nur gering ab.

Wurde der Befehl erfolgreich ausgeführt, findet wie bereits erwähnt die Positionsberechnung statt. Bei jedem erfolgreich ausgeführten Befehl liefert der Roboter die gefahrene Geschwindigkeit, Distanz und die Himmelsrichtung mit. Aus diesen Werten kann der Server die Position bestimmen.

```
int currentXCoordinate = currentCoordinate.getCurrentXCoordinate();
int currentYCoordinate = currentCoordinate.getCurrentYCoordinate();
String currentDirection = robotStatus.getDirection();
int actualDistance= (int) (robotStatus.getDistance()/10);


if(DIRECTION_FRONT.equalsIgnoreCase(currentDirection)) {
    estimateForwardMovement(currentXCoordinate, currentYCoordinate,
                    actualDistance, currentCoordinate);
}
else if(DIRECTION_BACK.equalsIgnoreCase(currentDirection)) {
    estimateBackwardsMovement(currentXCoordinate, currentYCoordinate,
                    actualDistance, currentCoordinate);
}
else if(DIRECTION_LEFT.equalsIgnoreCase(currentDirection)) {
    ...
```

Tatsächlich speichert der Server nur die X- und Y-Koordinaten des Roboters. Jedoch nicht wie man denkt als Array, sondern jeweils als eigene Objekte, die in einer Liste gespeichert sind. Hat der Roboter sich bewegt, wird auf Grundlage der letzten Position, der Ausrichtung und der zurückgelegter Strecke des Roboters, ein neuer Punkt gesetzt. Die Clients bekommen somit nach jeder Bewegung die neuen X- und Y-Koordinaten mit, woraus dann in der App eine Linie gezeichnet werden kann.

Neue Clients erhalten eine Liste aller bereits gefahrenen Punkte und können so den gefahrenen Weg nachvollziehen.

Die Standardumrechnung lautet folgendermaßen:

Für jede 10 Einheiten, die der Roboter gefahren ist, wird die Koordinaten in entsprechender Richtung um einen Wert verschoben.

Fährt der Roboter also beispielsweise 200 Einheiten nach Westen, befindet sich der Roboter auf Koordinate $X_{neu} = X_{alt} - 20$ und $Y_{neu} = Y_{alt}$. Zu Anfang hat der Roboter als Startpunkt dabei immer die Koordinate (0,0).

Die Liste ist wieder ein Observable, wodurch neue Koordinaten an die Clients gesendet werden können, sobald sie vorhanden sind

2.5 Weiterreichung der lokalen IP-Adresse des Roboters

Nach dem Anschalten des Roboters wird der Stream des Kamerabilds gestartet. Danach verbindet sich der Roboter mit dem Server, wodurch auf dem Server die Methode onConnect aufgerufen wird.

```java
@Override
public void onConnect(SocketIOClient client) {

    this.client=client;
    UUID sessionId = client.getSessionId();
    System.out.println("video stream ready");
    this.client.sendEvent(INFO_EVENT,

    "robot with session id: "+ sessionId +
    " connected and stream startet");

    RobotPositionEstimator.getInstance().
    getCoordinatesContainerQueue().clear();
}
```

Kurz danach sendet der Roboter eine Nachricht an den Server, welche seine IP-Adresse beinhaltet. Dies ruft die onData Methode des Servers auf.

```java
@Override
public void onData(SocketIOClient client, String robotIP, AckRequest arg2)
throws Exception {

    setChanged();

    System.out.println("Robot IP received: "+robotIP);
    robotIPAdress=robotIP;

    notifyObservers();
}
```

In diesen beiden Methoden wird der Roboter mit dem Server verbunden und die IP-Adresse des Roboters gespeichert. Die Klasse, welche die onData Methode enthält, ist ein Observable. Somit kann die IP-Adresse sofort an die Clients weitergeleitet werden, sobald sie zur Verfügung steht.

2.6 Web Chat Client

Der Web Chat Client wird zunächst zu Testzwecken verwendet. Zur Implementierung des Chats in JavaScript, HTML und CSS wird die JavaScript-Library socket.io.js von Guillermo Rauch verwendet. Diese Library steht unter der MIT License und kann unter https://github.com/socketio/socket.io-client bezogen werden.

In der JavaScript-Funktion window.onload wird zunächst ein neues Socket erstellt:

```
var socket = io.connect("http://82.165.147.151:9876", {
                    "reconnection delay": 2000,
                    "force new connection": true
});
```

Anschließend wird das Event zum Empfang einer neuen Nachricht vom Server behandelt. Dabei wird der Inhalt des div-Containers, der die Nachrichten einhält, um einen zusätzlichen Eintrag mit dem Namen und dem Nachrichtentext der neuen Nachricht erweitert.

```
socket.on('message', function (data) {
    messageList.innerHTML +=
        "<div class=\"row\">" +
            "<strong>" +
                "<font color=\"" + data.color + "\">" +
                    data.name + ": " +
                "</font>" +
                data.message +
            "</strong>" +
            "<br />" +
        "</div>";
});
```

Danach wird das Event onclick des Senden-Buttons behandelt. Dabei wird mithilfe der socket.io.js-Library eine neue Nachricht mit dem Namen des Absenders, der zufälligen Schriftfarbe des Namens und dem Nachrichtentext versendet.

```
submitButton.onclick = function () {
    socket.emit('message', {
        name: name.value,
        color: color,
        message: message.value
    });
};
```

Der folgende Screenshot zeigt die Funktion des Web Chat Clients mit zwei Teilnehmern:

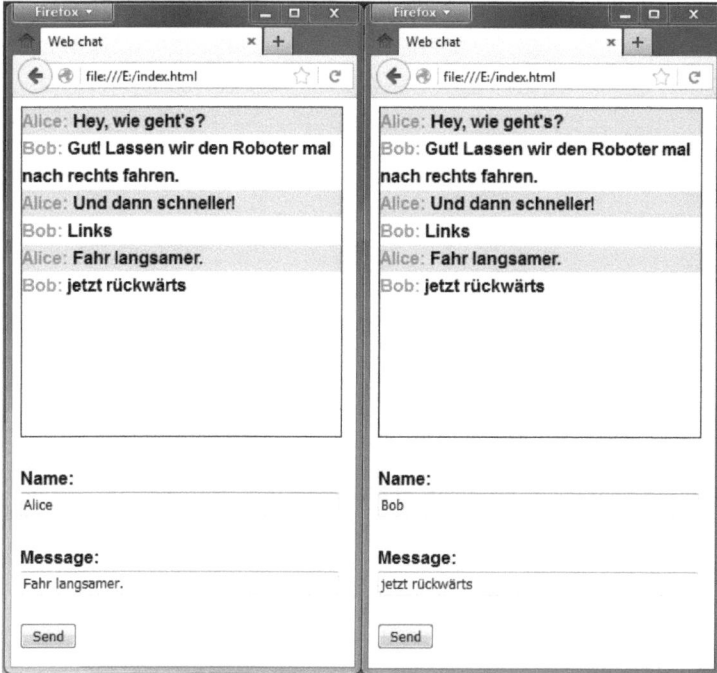

Abbildung 8: Web Chat Client mit zwei Teilnehmern

3 Einrichtung des Servers

Um auf den Server zugreifen und z.B. Programme starten zu können, wird der SSH Client PuTTY verwendet. PuTTY wurde von Simon Tatham entwickelt und steht unter der MIT License.

Um Dateien auf den Server übertragen zu können, wird der SFTP Client WinSCP verwendet. WinSCP wurde von Martin Přikryl entwickelt und steht unter der GNU General Public License.

3.1 Installation des Java Runtime Environments

Um das Java-Projekt auf dem Server ausführen zu können, muss zunächst das Java Runtime Environment auf dem Server installiert werden. Dazu wird das Server JRE in der 64-Bit-Version von http://www.oracle.com/technetwork/java/javase/downloads

heruntergeladen und mit WinSCP auf den Server übertragen. Anschließend wird das TAR-Archiv nach `/usr/local/java` entpackt.

Mithilfe des Emacs-Texteditors werden die PATH-Umgebungsvariablen unter `/etc/profile` erweitert:

```
JAVA_HOME=/usr/local/java/jdk1.8.0_92
PATH=$PATH:$HOME/bin:$JAVA_HOME/bin
export JAVA_HOME
export PATH
```

Anschließend muss dem Betriebssystem noch mitgeteilt werden, dass die JRE nun verfügbar ist:

```
sudo     update-alternatives     --install     "/usr/bin/java"     "java"
"/usr/local/java/jdk1.8.0_92/bin/java" 1
```

Um die Java-Laufzeitumgebung einzurichten wird folgender Befehl verwendet:

```
sudo update-alternatives --set java /usr/local/java/ jdk1.8.0_92/bin/java
```

Zum Schluss müssen die PATH-Umgebungsvariablen noch neu geladen werden:

```
. /etc/profile
```

3.2 Installation des Apache Webservers

Um den Web Chat Client für alle Nutzer zugänglich zu machen, wird auf dem Server der Apache Webserver installiert.

```
sudo apt-get install apache2
```

Anschließend werden die Dateien des Web Chat Clients mit WinSCP nach `/var/www/html` kopiert.

Durch folgenden Befehl wird der Apache Webserver gestartet:

```
sudo service spache2 start
```

3.3 Übertragung und Start des Server-Projekts

Um das Server-Projekt auf den Server übertragen und dort ausführen zu können, wird das Projekt zunächst in Eclipse als "Runnable JAR File" exportiert. Diese Datei wird anschließend mit WinSCP auf den Server übertragen.

Auf dem Server wird die JAR-Datei mit folgendem Befehl gestartet:

```
java - jar RP6_Server.jar
```

4 Implementierung der Robotersteuerung

Der Roboter hat die Aufgabe, einen Video-Stream zu veröffentlichen, der von den Smartphones angezeigt werden kann. Außerdem soll der Roboter zu Beginn eine Verbindung zum Server herstellen und die vom Server gesendeten Befehle empfangen, sich entsprechend der Befehle bewegen und anschließend ein Feedback über den Verlauf der Aktion an den Server zurücksenden.

Programmiert wird das Roboterprogramm mit Java in der Eclipse Entwicklungsumgebung. Um das Java-Programm auf dem Roboter ausführen zu können, muss zunächst die embedded Version der Java-Laufzeitumgebung auf dem Roboter installiert werden. Java embedded ist unter http://www.oracle.com/ technetwork/java/embedded/embedded-se/downloads/index.html verfügbar.

Außerdem muss die I²C-Schnittstelle eingerichtet werden. Dies ist notwendig, um die Robotersteuerung ansprechen zu können und die Video-Funktion des Raspberry Pi zu aktivieren.

Wie auch bei dem Server werden bei dem Roboter PuTTY und WinSCP verwendet, um das Testen des Roboters zu erleichtern.

4.1 Empfang der Befehle

Für die Verbindung und Kommunikation mit dem Server wird die Java Library für den Socket.IO Client von Naozuki Kanezawa verwendet. Diese steht unter der MIT License und ist unter http://mvnrepository.com/artifact/io.socket/socket.io-client/0.7.0 und https://github.com/socketio/socket.io-client-java verfügbar.

Um eine Verbindung zum Server herzustellen wird zunächst ein Objekt des Typs Socket erstellt.

```
Socket socket = IO.socket("http://82.165.147.151:3912", createOptions());
```

Danach müssen Listener erzeugt werden, die auf Aktionen des Servers reagieren. Dies geschieht über die createSocketListener-Methode, welche direkt im Anschluss aufgerufen wird.

```
private void createSocketListener(Socket socket) {
    socket.on(Socket.EVENT_CONNECT, new ConnectionListener(socket));
    socket.on(Socket.EVENT_DISCONNECT, new DisconnectionListener(socket));
    socket.on(INFO_MESSAGE, new CommandListener(socket));
    socket.on(INFO_EVENT, new CommandInfoEventListener(socket));
}
```

Erhält der Roboter einen Befehl vom Server, wird der CommandListener aufgerufen. Im CommandListener wird der erhaltene Befehl an den MessageInterpreter übergeben, welcher den Befehl interpretiert und den Roboter entsprechend bewegt.

```
CommandExecuted result = messageInterpreter.interpretMessage(message);
```

Der Rückgabewert der Methode erhält das Ergebnis der Befehlsausführung. Dieses Ergebnis wird an den Server gesendet, damit dieser daraus die Koordinaten für die Karte berechnen kann.

```
socket.emit("", result);
```

4.2 Steuerung des Roboters

Um den Roboter aus dem Java-Programm heraus anzusprechen, wird die im Moodle zur Verfügung gestellte rp6roboticontroli2c Library verwendet.

Die Steuerung des Roboters funktioniert über die Klassen RobotConnection und MessageInterpreter.

Der MessageInterpreter interpretiert in der Methode interpretMessage den Befehl, den er vom Server erhalten hat, und gibt den entsprechenden Roboter-Befehl zurück. Wird ein passender Befehl gefunden, wird dieser an die RobotConnection-Klasse übergeben.

```
public CommandExecuted interpretMessage(String message){
    switch(message) {
        case "MOVE_AHEAD": // Command for forwards movement
            return robotMovement.goStraight();
        case "MOVE_REVERSE": // Command for backwards movement
            return robotMovement.goBackwards();
        ...
    }
}
```

Die Klasse `RoboterConnection` interagiert direkt mit der Robotersteuerung, um den Roboter zu bewegen. Im Konstruktor wird die Steuerung zunächst initialisiert und dann aktiviert:

```
rp6 = new RP6RobotControlI2C(0x05, I2CBus.BUS_1);
rp6.powerON();
```

Die Bewegungsmethoden (goStraight(), goBackwards(), turnLeft(), turnRight(), speedUp() und slowDown()) übermitteln nun über die Steuerung einen Bewegungsbefehl. Anschließend wird das Ergebnis der Bewegung in ein CommandExecuted-Objekt übergeben, welches von der Methode zurückgegeben wird.

```
@Override
public CommandExecuted goStraight() {
    CommandExecuted result;
    try {
        rp6.powerON();
        rp6.setAcsPower(RP6RobotControlI2C.ACS_PWR_MED);
        rp6.move(currentSpeed, RP6RobotControlI2C.DIR_FWD,
            STANDARD_TRAVEL_DISTANCE, false);
        return new CommandExecuted(true,
            new RobotStatus(robotCompass.getCurrentFacingDirection().name(),
            STANDARD_TRAVEL_DISTANCE, currentSpeed));
    } catch (IOException | InterruptedException e) {
        return new CommandExecuted(false, new
        RobotStatus(robotCompass.getCurrentFacingDirection().name(), 0, 0));
    }
}
```

Die Kollisionserkennung erfolgt über das Prüfen des Bumper-Zustandes vor und nach einem auszuführenden Befehl. Wenn ein Bumper eingedrückt ist, bewegt sich der Roboter nicht nach vorne und meldet eine Kollision.

4.3 Streamen des Kamerabilds

Für das Streaming wurden verschiedene Ansätze wie Streaming via netcat oder VLC evaluiert. Da jedoch das Programm für den Zugriff auf das Kamerabild nicht kompatibel mit dem Befehl für die Weiterleitung des Streams ist, wird für das Streamen des Kamerabildes das Python Programm "flask-video-streaming" von Miguel Grinberg verwendet. Das Programm steht unter der MIT License und kann unter https://github.com/miguelgrinberg/flask-video-streaming bezogen werden.

Das Python Programm greift kontinuierlich auf das Kamerabild zu und setzt das jeweils aktuelle Bild in den img-Tag einer HTML-Seite ein. Diese Seite wird direkt auf dem Roboter gehostet, wodurch jeder, der die IP-Adresse des Roboters kennt, auf die HTML-Seite und somit auf den Video-Stream zugreifen kann.

4.4 Übertragung und Start des Roboter-Projekts

Das fertige Java-Programm wurde mithilfe von WinSCP auf den Roboter übertragen und mit folgendem Befehl gestartet:

```
java -jar RP6_Roboter.jar
```

Um diesen Befehl automatisch bei jedem Start des Roboters auszuführen, wurde der Befehl der .bashrc des Raspberry Pi hinzugefügt.

5 Fazit

Mithilfe der App, des Servers und des Programms auf dem Roboter kann man jetzt mit anderen chatten und dabei gleichzeitig auch den Roboter fernsteuern. Da die gesamte Kommunikation über den zentralen Server im Internet abläuft, ist nicht notwendig, sich im gleichen Netzwerk wie der Roboter zu befinden. Es ist also denkbar, den Roboter, der sich an der HFT befindet, von zuhause aus fernzusteuern. Über das in der App eingebaute Live-Bild kann man auch ohne Sichtkontakt zu jeder Zeit sehen, wo der Roboter hinfährt. Der Fahrweg des Roboters ist zudem durch die Karte nachvollziehbar.

Probleme dagegen gab es wiederholt bei der Fehlersuche. Ist ein Fehler aufgetreten, war nie klar, welche der Komponente dafür verantwortlich war. Wurden beispielsweise Koordinaten bei den Clients falsch angezeigt, konnte dies mehrere Gründe haben. Vielleicht lieferte der Roboter falsche Daten, die Berechnung auf dem Server war falsch oder der Client stellt die Daten einfach falsch dar.

Ebenso brachte der Videostream einige Probleme mit sich. Anfangs hatten wir den Plan, den Stream vom Roboter aus an den Server zu leiten und diesen von dort aus für die Clients bereitzustellen. Leider war dies nicht möglich, da das Programm für den Zugriff auf das Kamerabild nicht kompatibel mit dem Befehl für die Weiterleitung des Streams war. Deshalb haben wir uns dafür entschieden, dass die Clients den Videostream direkt vom Roboter abholen, wobei die Clients die IP-Adresse des Roboters vom Server erhalten.